JOSEPH PRINCE

DAS EINE, DAS ZÄHLT

ANDACHTEN FÜR 31 TAGE

Grace today VERLAG

Die englische Originalausgabe erschien im Verlag Kingsway Communications Ltd. unter dem Titel *The One Thing*.

Bei den vorliegenden Andachten handelt es sich um ausgewählte Texte aus dem Andachtsbuch *Zur Herrschaft bestimmt – 365 Andachten.*

Die Deutsche Nationalbibliothek verzeichnet diese Publikation in der Deutschen Nationalbibliografie; detaillierte bibliografische Daten sind im Internet über http://dnb.d-nb.de abrufbar.

Bibelzitate, sofern nicht anders angegeben, wurden der Schlachter Bibelübersetzung entnommen. Bibeltext der Schlachter, Copyright © 2000 Genfer Bibelgesellschaft. Alle Rechte vorbehalten. Alle Bibelübersetzungen wurden mit freundlicher Genehmigung der Verlage verwendet. Hervorhebungen einzelner Wörter oder Passagen innerhalb von Bibelzitaten wurden vom Autor vorgenommen.
Mit dem verwendeten »lieber Freund« und »lieber Leser« werden auch alle weiblichen Leser angesprochen.

ELB *Revidierte Elberfelder Bibel,* © 2006 SCM R.Brockhaus, Witten.
LUT *Lutherbibel*, Revidierte Fassung von 1984, © 1985 Deutsche Bibelgesellschaft Stuttgart.
NEÜ *Neue evangelistische Übersetzung,* © Karl-Heinz Vanheiden.
NGÜ *Neue Genfer Übersetzung* – Neues Testament und Psalmen, © 2011 Genfer Bibelgesellschaft.
NLB *Neues Leben Bibel,* © 2006 SCM R.Brockhaus, Witten.

Umschlaggestaltung und Foto: © 22 Media Pte. Ltd.
Corporate Design: spoon design, Olaf Johannson
Übersetzung: Gabriele Kohlmann
Lektorat: Thilo Niepel, Sonja Yeo
Satz: Gabriel Walther
Druck: WirmachenDruck.de
Printed in Germany

3. Auflage 2024

Broschüre: ISBN 978-3-95933-047-3, Bestellnummer 372047
E-Book: ISBN 978-3-95933-048-0, Bestellnummer 372048

www.gracetoday.de

Vorwort

Willkommen in Gottes Familie! Wahrscheinlich buhlen täglich Tausende von Dingen um deine Aufmerksamkeit. Was also sollte dein Fokus sein? In der Bibel gibt Jesus uns die Antwort darauf.

Als er in Lukas 10,38–42 das Haus zweier Schwestern betrat, setzte die eine, Maria, sich zu seinen Füßen und hörte ihm zu. Die andere, Marta, lief schnell in die Küche und fing an, für ihn zu kochen. Rate mal, wen von beiden Jesus lobte?

Er lobte Maria.

Vielleicht überrascht es dich, dass Jesus nicht Marta lobte, weil sie ihm doch diente und für ihn kochte. Stattdessen lobte er Maria, weil sie sich darauf konzentrierte, das Eine zu tun, das zählt. Du musst also nur dieses Eine tun, und Gott wird sich um alle – großen und kleinen – Dinge deines Lebens kümmern.

Diese Andachten für 31 Tage wurden eigens als Hilfe für dich zusammengestellt, damit du genau dieses Eine tun kannst – dich von Jesu Wort zu ernähren und stark zu werden. Das wird dir dabei helfen, ein festes Fundament für dein neues Leben als Christ zu legen. Du wirst herausfinden, wie du ein lebenswertes Leben führen kannst – ein überfließendes, gesegnetes, erfüllendes, stressfreies und siegreiches Leben!

Die Bibel sagt, dass deine Zukunft so hell strahlt wie die Zusagen Gottes, und Gott bricht seine Zusagen niemals! Du kannst dich also darauf freuen, dass bessere Tage vor dir liegen, weil Gott dich liebt und er will, dass du in jedem Bereich deines Lebens guten Erfolg hast.

Begeistert dich das?

Dann lass uns gleich anfangen!

Was kosten fünf Spatzen? Vielleicht ein paar Pfennige? Und doch vergisst Gott nicht einen Einzigen von ihnen. Und auch die Haare auf eurem Kopf sind alle gezählt. Habt deshalb keine Angst, denn ihr seid ihm wertvoller als ein ganzer Schwarm Spatzen.

LUKAS 12,6–7 NLB

Tag 1

Wenn es dir wichtig ist, ist es auch Gott wichtig

Viele Christen glauben fälschlicherweise, Gott wäre zu beschäftigt mit den »großen Dingen«, als dass er an ihren kleinen Problemen interessiert wäre. Geht es dir auch so? Es mag das Bettnässer-Problem deines Kindes sein, ein Streit mit einem Freund oder ein kleiner Pickel in deinem Gesicht. Ganz gleich wie banal es auch klingen mag: Wenn es dir Schwierigkeiten bereitet, dann will Gott sich darum kümmern!

Gott möchte für jeden Bereich deines Lebens sorgen, selbst für die kleinsten Details. Er liebt dich so sehr, dass er die Anzahl der Haare auf deinem Kopf kennt. Und wenn dein liebevoller himmlischer Vater selbst die kleinsten Details deines Lebens kennt und an ihnen interessiert ist, dann musst du kein einziges Problem allein bewältigen.

Als meine Tochter Jessica drei Jahre alt wurde, beschlossen meine Frau Wendy und ich, mit ihr nach Disneyland zu fahren. In dem Wissen, dass es ihr erster Besuch in Disneyland sein würde und dass sie von unerwarteten Schockeffekten erschreckt werden könnte, entschloss ich mich, eine der Theateraufführungen, in die ich sie mitnehmen wollte, zunächst allein zu besuchen.

Während ich die Veranstaltung verfolgte, waren meine Gedanken die ganze Zeit bei Jessica. Ich dachte: »Würde ihr das zu viel Angst machen? Wird sie den singenden mechanischen Bären mögen? Ist dieser Ort zu dunkel für sie?« Erst nachdem ich die Veranstaltung selbst gesehen hatte und sicher war, dass sie ihr gefallen würde, entschied ich mich, mit ihr dorthin zu gehen.

Mein Freund, genauso kümmert sich dein himmlischer Vater um dich, wenn er seine Pläne für dich arrangiert und vorbereitet. Du bist die ganze Zeit in seinem Herzen, während er sorgfältig alles bedenkt und Pläne für jeden Aspekt deines Lebens macht; sowohl für die großen als auch die kleinen. Und allein der Gedanke an dich bringt ein Lächeln auf sein Gesicht, weil er weiß, dass seine Pläne für dich solche sind, die dich segnen sollen (Jer 29,11).

Ganz gleich also vor welchen Problemen du gerade stehst, du kannst in Gottes Liebe zu dir ruhen. Es gibt kein Problem, das zu unbedeutend wäre, als dass er sich nicht darum kümmern würde. Er ist nicht nur der allmächtige Gott, er ist auch dein himmlischer Vater, der dich liebt!

Tag 2

Wer unter dem Schirm des Höchsten sitzt, der bleibt unter dem Schatten des Allmächtigen. Ich sage zu dem Herrn: Meine Zuflucht und meine Burg, mein Gott, auf den ich traue!

PSALM 91,1–2

Der Herr ist deine Zuflucht

Tag für Tag werden wir mit Nachrichten über Konflikte, Naturkatastrophen, Krankheiten und neuen Formen medikamenten-resistenter Viren bombardiert. Wir hören zudem von Menschen, die ihre Angehörigen durch schreckliche Unfälle verlieren. Und wir fragen uns: »Gibt es einen Ort, zu dem ich Zuflucht nehmen kann vor einer Welt, die aus den Fugen geraten ist?«

Ja, den gibt es! Gott hat all diese Dinge vorausgesehen und uns in seinem Wort Schutz vor jedem uns bekannten Übel zugesagt. Es gibt keine vom Teufel aufgestellte Falle, aus der uns unser Vater nicht retten kann, wenn wir ihm vertrauen und ihn als unsere Zuflucht nehmen. Das ist sein Versprechen in Psalm 91.

Ob es ein nächtliches Erdbeben, ein verrückter Scharfschütze, ein unbekannter Virus oder ein Terroranschlag ist, Gott sagt: »Du brauchst dich nicht zu fürchten vor dem Schrecken der Nacht oder vor den Pfeilen, die am Tag abgeschossen werden, nicht vor der Pest, die im Finstern umgeht, nicht vor der Seuche, die mitten am Tag wütet« (Ps 91,5–6 NGÜ).

Weil du ihn zu deiner Schutzwehr gemacht hast, wirst du von Engeln behütet – jetzt in diesem Moment (Ps 91,9–11). Sie achten auf die Stimme des Wortes Gottes, deshalb solltest du Gottes Wort eine Stimme verleihen. Das heißt, du solltest mit dem Wort Gottes in Übereinstimmung kommen und aussprechen, was es über ihn sagt, wie er dich erhält und beschützt. Dann werden um deinetwillen Engel zum Dienst ausgesandt (Hebr 1,14).

Mein Freund, sage nicht: »Wenn es denen passieren kann, kann es auch mir passieren!« Sage: »Ob tausend fallen zu meiner Seite und zehntausend zu meiner Rechten, so wird es doch mich nicht treffen!« (Ps 91,7). Die Welt sagt, dass du gar nichts anderes erwarten kannst, als von Gefahr umgeben zu sein. Doch Gott sagt: »Du bist in dieser Welt, aber nicht von dieser Welt. Du genießt meinen Schutz, weil du von mir und in mir bist« (Joh 17,14–23).

Durch Glauben hast du Zugang zu dem verborgenen Schutzort des Allerhöchsten, an dem nichts Böses dich antasten kann. Es gibt keinen Grund, sich vor einem Leben in der Endzeit zu fürchten, denn der Herr ist deine Zuflucht und Festung. Das sagt sein Wort. Und diejenigen, die seinem Wort restlos vertrauen, werden feststellen, dass sein Wort vollends wahr ist!

Seht die Vögel des Himmels an: Sie säen nicht und ernten nicht, sie sammeln auch nicht in die Scheunen, und euer himmlischer Vater ernährt sie doch. Seid ihr nicht viel mehr wert als sie?

MATTHÄUS 6,26

Tag 3

Ein gutes Leben ohne Schweiß

Die meisten Menschen sind der Ansicht, dass ein gutes Leben nur durch harte Arbeit und eimerweise Schweiß entsteht. Sie glauben, um erfolgreich zu sein, müsse man zuerst diesen einen Bildungsabschluss, jene Berufsausbildung, diesen ganz bestimmten Job und eine bestimmte Anzahl von Jahren harter Arbeit hinter sich haben. Ich habe gute Nachrichten für dich: Gott hat einen besseren Weg.

Wir alle müssen arbeiten, aber die Welt will, dass du glaubst, es gäbe einen natürlichen Prozess des Säens, Erntens und Sammelns, der von Warten, Schuften und Stress begleitet wird, bevor dann tatsächlich ein gutes Leben zum Vorschein kommt. Doch Gott sagt: »Mein Volk muss nicht durch diesen natürlichen Prozess gehen, um ein gutes Leben zu genießen, denn mein Volk ist nicht Teil dieses Weltsystems. Die Menschen meines Volkes können aus meinem Wirtschaftssystem heraus handeln und ich kann ihnen ohne Umwege gutes Leben geben!«

Auf dieselbe Weise wie Gott die Vögel ernährt, die nicht das Säen-dann-Ernten-dann-Sammeln-System dieser Welt durchlaufen, will und wird er für dich noch viel mehr tun!

Dein himmlischer Vater möchte, dass du die Großzügigkeit seines Herzens dir gegenüber kennenlernst und weißt, wie gerne er dich erfolgreich machen möchte. Ein Paradebeispiel hierfür ist, was einem Gemeindemitglied passierte, das diese Wahrheit glaubte. Nachdem er seine bisherige Arbeitsstelle verlassen hatte, vertraute er darauf, dass Gott ihm eine bessere Arbeit geben würde. Innerhalb von nur vier Monaten befand er sich in der Geschäftsleitung von zwei Unternehmen.

Mit seinem neugegründeten Vertriebsunternehmen erzielte er den Abschluss für ein großes Projekt in Singapur. Außerdem wurde er für eine sehr beliebte US-amerikanische Produktlinie auch noch zum Generalvertreter für ganz Südostasien gemacht. Sein zweites Unternehmen, das Beratungsdienstleistungen anbot, erhielt von einem koreanischen und einem Hongkonger Unternehmen zwei Aufträge – mit einem sechsstelligen Beraterhonorar in US-Dollar.

Gott will dich heute wissen lassen, dass du nicht Teil des Weltsystems bist. Du bist Teil des Königreiches Gottes – desselben Königreiches, das die Vögel ernährt, die sich nicht abmühen, sondern bei ihrer Lebensversorgung einfach auf ihren Schöpfer vertrauen. Sei dir gewiss, dass du für deinen himmlischen Vater einen größeren Wert besitzt als die Vögel und lass dir von ihm ein gutes Leben schenken – ohne die Anstrengungen und das Abmühen der Welt.

Tag 4

Dieser Hohepriester dagegen brachte sich selbst Gott als ein Sündopfer dar, das für alle Zeit wirksam ist. Dann setzte er sich auf den höchsten Ehrenplatz an Gottes rechter Seite … Denn durch dieses eine Opfer hat er alle, die er heiligt, für immer vollkommen gemacht.

HEBRÄER 10,12.14 NLB

In Gottes Augen bist du vollkommen

Gott sieht dich ohne Makel, Flecken oder Unvollkommenheiten, also ehre sein Wort und das vollbrachte Werk seines Sohnes, indem du »Amen!« sagst. Zweifle nicht an deiner Vollkommenheit in Christus.

Wenn du denkst, du seist von Vollkommenheit weit entfernt, ist das keine Bescheidenheit, sondern ein Unverständnis gegenüber dem vollkommenen Opfer, das Jesus für dich erbracht hat.

Die Bibel sagt uns: »Denn durch dieses eine Opfer hat er alle, **die er heiligt**, **für immer vollkommen gemacht**.« Hast du das verstanden? Du bist nicht nur geheiligt, das heißt, heilig gemacht, sondern mit demselben Opfer seines Leibes bist du vollkommen gemacht worden. Du bist in Gottes Augen heilig **und** vollkommen!

Deine Sünden sind vollständig ausgelöscht worden. Heute sitzt Jesus zur rechten Hand seines Vaters, nicht weil er der Sohn Gottes ist (obwohl das wahr ist), sondern weil sein Werk, unsere Sünden auszulöschen, vollständig abgeschlossen und vollkommen ist!

Anstatt dir deiner Sünden bewusst zu sein, was gleichbedeutend ist mit einem bösen Gewissen (Hebr 10,22), kannst du ein unbescholtenes Gewissen haben – ein Gewissen, das frei ist von durch Sünden verursachter Schuld und Verdammnis.

Wenn du feststellst, dass du an deine Sünden denkst, sage einfach: »Danke, Herr Jesus, für dein wunderbares Werk am Kreuz. Es ist ein vollkommenes Werk, das alle meine Sünden vollständig weggenommen hat.«

»Heiliger Geist, danke, dass du mich von Gerechtigkeit überzeugst, nicht meiner eigenen, sondern Gottes Gerechtigkeit, die mir als Geschenk gegeben wurde. Bitte überzeuge mich auch weiterhin und besonders dann, wenn ich versage, erinnere mich daran, dass ich trotzdem die Gerechtigkeit Gottes in Christus bin.«

Mein Freund, Gott sieht dich vollkommen und ohne jeglichen Makel der Sünde. Er sieht dich eingehüllt in die wunderschönen weißen Gewänder seiner eigenen Gerechtigkeit. Er behandelt dich wie einen gerechten Menschen, denn dazu hat er dich gemacht. Erwarte also, dass dir Gutes widerfährt, denn Segnungen sind auf dem Haupt des Gerechten (Spr 10,6)!

Wer von euch kann dadurch, dass er sich Sorgen macht, sein Leben auch nur um eine einzige Stunde verlängern?
MATTHÄUS 6,27 NGÜ

Tag 5

Entscheide dich dafür, dir keine Sorgen zu machen

Viele Christen sind vertraut mit Jesu rhetorischer Frage: »Wer von euch kann dadurch, dass er sich Sorgen macht, sein Leben auch nur um eine einzige Stunde verlängern?« Doch nicht viele von uns lassen das wirklich bis in unser Herz vordringen und erlauben der Liebe Gottes, uns von unserem gewohnheitsmäßigen Sorgen zu befreien.

Die Wahrheit ist: Egal wie sehr du dich sorgst, du kannst dein Leben dadurch nicht verlängern oder deinem natürlichen Körper irgendetwas hinzufügen. Stattdessen berauben Sorgen dich deines Schlafes, deiner Gesundheit und vieler guter Jahre. Tatsache ist, dass nur, wenn du ohne Sorgen bist, Gottes Salbung frei in dir fließen, dich stärken, heilen, wiederherstellen und bereichern kann.

Eine Frau aus unserer Gemeinde erfuhr nach einer Mammografie, dass sie Knoten in ihrer Brust hatte. Nachdem sie das Untersuchungsergebnis ihres Doktors erhalten hatte, schrieb sie Folgendes auf den Befund: »Jesus ist mein Heiler. Ich empfange meine Heilung. Ich bin geheilt. Ich ruhe vollständig in Gott.«

Später am selben Tag ging sie wegen einer Biopsie, die zeigen sollte, ob die Knoten bösartig wären, zurück in die Klinik. Ihre Schwägerin, mit der sie an diesem Tag zu Mittag aß, erlebte mit, wie fröhlich und sorgenfrei sie während der gemeinsamen Mahlzeit war.

Zurück in der Klinik, saß diese kostbare Schwester zwischen anderen Frauen, die ebenfalls wegen einer Biopsie dort waren. Diese sahen alle sehr besorgt aus, also fing sie an, ihnen von Jesus zu erzählen und betete für einige von ihnen. Als sie an die Reihe kam und eine Ultraschalluntersuchung gemacht wurde, war der Doktor verwirrt – ihr Ultraschallbild wies keinerlei Knoten auf!

Der Doktor setzte sich mit seinem Kollegen in Verbindung, der die Knoten zuvor entdeckt hatte. Fassungslos überprüften beide Ärzte ihre jeweiligen Untersuchungsergebnisse. Sie kehrten schließlich zu ihr zurück, nur um ihr zu sagen: »Es ist ein Wunder!«

Mein Freund, wenn du dich sorgst, glaubst du im Grunde genommen, der Teufel hätte die Macht, Angriffe auf dein Leben auszuführen, vor denen Gott dich nicht beschützen kann. Doch wenn du dich weigerst, dir Sorgen zu machen, setzt du dein Vertrauen auf Gott. Du zeigst damit mehr Zuversicht in seine Liebe und seine für dich wirkende Kraft als in die Fähigkeit des Teufels, dir Schaden zuzufügen! Wenn du dich nicht sorgst, sondern dich dafür entscheidest, in dem vollbrachten Werk Christi zu ruhen, wirst du die Manifestation deines Segens sehen. Du wirst dein Wunder sehen!

Tag 6

Als nun Jesus den Essig genommen hatte, sprach er: Es ist vollbracht! Und er neigte das Haupt und übergab den Geist.

JOHANNES 19,30

Es ist vollbracht!

Stell dir vor, du stündest im Museum des Louvre und betrachtetest Leonardo da Vincis berühmte Mona Lisa. Würdest du in Erwägung ziehen, dem Gemälde noch einige Pinselstriche hinzuzufügen? Selbstverständlich nicht! Es wurde von einem Meister angefertigt, was also könntest du dem Gemälde noch hinzufügen, um es zu verbessern?

In gleicher Weise sollen wir Jesu Werk am Kreuz betrachten. Er rief aus: »Es ist vollbracht!« Du kannst ein vollendetes Werk nicht vervollständigen. Du kannst ein vollbrachtes Werk nicht zu Ende bringen. Unsere Errettung ist erlangt. Unsere Sünden sind allesamt vergeben. Wir sind durch sein Blut für immer gerecht gemacht worden. Christus hat für unsere vollständige Vergebung, Gerechtigkeit und jeden Segen vollumfassend und restlos bezahlt!

Tatsächlich kommen diese drei Worte, »Es ist vollbracht«, von dem einen griechischen Wort teleo. Zu Jesu Zeiten wurde es für gewöhnlich benutzt, wenn ein Diener seinem Dienstherrn mitteilte: »Ich habe das Werk vollendet, das du mir aufgetragen hast« (Joh 17,4 NGÜ). Die Bedeutung von teleo findet seinen treffendsten Ausdruck vielleicht in der Weise, wie das Wort von Kaufleuten benutzt wird: »Die Schuld ist in voller Höhe beglichen!« Als Jesus am Kreuz sich selbst hingab, erfüllte er voll und ganz die gerechten Forderungen des Gesetzes. Er beglich alle unsere Schulden in voller Höhe!

Heute sind es nicht unsere Werke, die uns die Segnungen bescheren. Es ist Christi vollbrachtes Werk. Beim Leben als Christ geht es nicht um das **Tun**, sondern darum, an sein vollbrachtes Werk zu **glauben**. Unter dem Gesetz müssen wir etwas **tun**. Unter der Gnade ist es bereits **getan**!

Vielleicht bist du heute mit erdrückenden Widrigkeiten konfrontiert. Jesus verspricht: »Es ist vollbracht!« Du wirst nicht befreit werden, weil du bereits befreit worden bist. Du wirst nicht geheilt werden, weil du bereits ein Geheilter bist! Gott heilte dich vor 2000 Jahren. Jesaja 53,5 erklärt: »Durch seine Wunden **bist** du geheilt worden!« Du trägst die Heilung bereits in dir. Deshalb höre nicht auf, in seinem vollbrachten Werk zu ruhen, und sie wird sich manifestieren!

Mein Freund, das Werk ist vollbracht. Der Sieg ist errungen. Unsere Segnungen wurden mit seinem Blut erkauft! Lebe dein Leben in dem Wissen, dass es für dich nichts mehr zu tun gibt – **glaube** nur! Es ist vollbracht!

… Und ich habe euch ein Land gegeben, das ihr nicht bearbeitet habt, und Städte, die ihr nicht gebaut habt, damit ihr in ihnen wohnen könnt; und ihr esst von Weinbergen und Ölbäumen, die ihr nicht gepflanzt habt.

JOSUA 24,13

Tag 7

Du bist bereits gesegnet

Gott ist mehr darauf bedacht dich zu segnen, als du gesegnet werden möchtest! Tatsächlich ist er so leidenschaftlich daran interessiert, dass du in den Genuss seiner Fülle kommst, dass es für ihn bereits eine beschlossene Sache ist, dir weit über dein Bedürfnis hinaus zu geben.

Gott hat bereits zugesagt: »**Ich habe euch ein Land gegeben**, das ihr nicht bearbeitet habt, und Städte, die ihr nicht gebaut habt, damit ihr in ihnen wohnen könnt; und ihr esst von Weinbergen und Ölbäumen, die ihr nicht gepflanzt habt.« Er sagte nicht: »Vielleicht gebe ich euch«, was hieße, es könnte passieren oder eben auch nicht. Er sagte: »Ich habe gegeben«, was bedeutet, dass es bereits geschehen ist. Es ist lediglich eine Frage der Zeit, bis die Offenbarung dessen, was du durch das Werk Christi schon besitzt, die Fülle hervorbringt, mit der er dich bereits gesegnet hat.

Ein Bruder in den Vereinigten Staaten schrieb uns, dass er dringend ein Auto brauchte, jedoch nur die Hälfte der benötigten Kaufsumme hatte. Er kalkulierte und plante hin und her, doch der Betrag kam einfach nicht zusammen. Schließlich gab er seine Bemühungen auf und ruhte einfach in der Liebe des Herrn und dessen Fähigkeit, ihn zu versorgen. Einige Wochen später war er in der Lage, ein Auto zu kaufen, das um sogar zwei Jahre neuer war als das gewünschte, und zwar für exakt den Betrag, den er zur Verfügung hatte!

Mein Freund, erwarte göttliche Versorgung in deinem Leben, denn du bist in Christus bereits reich gesegnet. Jesus nahm deinen Platz der Armut am Kreuz ein: »Denn ihr kennt ja die Gnade unseres Herrn Jesus Christus, dass er, obwohl er reich war, um euretwillen arm wurde, damit ihr durch seine Armut reich würdet« (2Kor 8,9). In ihm bist du nicht länger arm.

Also höre auf, auf den Mangel deiner natürlichen Ressourcen zu sehen. Schaue aufs Kreuz und sage: »Dank des vollbrachten Werks Jesu kann ich erwarten, in allen göttlichen Segnungen zu leben!«

Tag 8

Und Jesus streckte die Hand aus, rührte ihn an und sprach: Ich will; sei gereinigt! …
MATTHÄUS 8,3

Jesus will – sei geheilt!

Weißt du, dass Heilung Gottes Wille für dich ist? Tatsächlich heilte Jesus immer, wenn Kranke zu ihm kamen. Die Blinden, Gelähmten, Stummen, Tauben, von Dämonen Besessenen – er heilte sie **alle** (Mt 8,16)!

Die Bibel sagt, wer Jesus gesehen hat, der hat auch den Vater gesehen (Joh 14,9). Du möchtest sehen, wie Gott ist? Dann schaue Jesus an! Niemals machte er jemanden krank. Du wirst nirgendwo einen Fall finden, in dem Jesus eine Person ansah – ein Prachtexemplar von einem Menschen – und dann sagte: »Komm her. Du bist zu gesund. Empfange Lepra!« Als ein Leprakranker ihn aufsuchte, um geheilt zu werden, war es vielmehr so, dass Jesus voller Erbarmen zu dem Kranken sagte: »Ich will; sei gereinigt!«

Leider gibt es einige Christen, die behaupten: »Es ist Gottes Wille für mich, dass ich krank bin. Gott hat einen Plan, eine verborgene Absicht mit meiner Situation. Es ist alles Teil seines göttlichen Plans und in der Ewigkeit werden wir den Grund für alles erfahren!« Doch dann begeben sich genau diese Leute bei ihrem Arzt in Behandlung. Sie nehmen ihre Medikamente und ruhen sich aus. Warum tun sie das, wenn sie wirklich glauben, dass ihre Krankheit Gottes Wille ist? Das ergibt doch keinen Sinn, nicht wahr?

Komm schon, wirklich Sinn ergibt doch nur Folgendes: Gott möchte, dass du gesund bist. Er möchte, dass du heil und unversehrt bist. Sein Wille für dich ist, dass du geheilt bist! Und das sogar so sehr, dass er **alle** deine Krankheiten und Beschwerden auf seinen eigenen Körper nahm, damit du sie heute nicht erleiden musst! Er ließ sich schlagen und geißeln, damit du durch seine Geißelung – durch seine Wunden – geheilt bist (Jes 53,5)! Er hat die Krankheit bereits an deiner Stelle erlitten, weshalb also solltest du sie heute noch erleiden?

Deshalb sei dir gewiss, mein Freund, wenn du krank bist, hat Gott dir diese Krankheit nicht gegeben. Lies jedes Heilungswunder, das Jesus vollbracht hat, in den Evangelien nach und begreife, dass Jesus der Herr ist, der dich heilt (2Mo 15,26). Höre seine barmherzigen Worte: »Ich will, sei geheilt« und erkenne, dass sie dir heute genauso gelten wie einst dem Leprakranken!

… die Strafe lag auf ihm, damit wir Frieden hätten, und durch seine Wunden sind wir geheilt worden.

JESAJA 53,5

Tag 9

Durch Jesu Wunden bist du geheilt

Einer der lautesten Proteste gegen Mel Gibsons Film *Die Passion Christi* war bekanntlich der, der Film sei zu brutal, insbesondere der Teil, in dem Jesus gegeißelt wurde.

Lass mich dir eines sagen: Er war nicht brutal genug! Die Bibel sagt, dass am Kreuz Jesu Gesicht stärker entstellt war, als irgendein menschliches Gesicht es jemals gewesen ist (Jes 52,14). Im Film sah der Schauspieler James Caviezel, der Jesus darstellte, trotz aller empfangenen Schläge immer noch ziemlich gut aus.

Doch die Wahrheit sah anders aus: Als Jesus am Kreuz hing, »hatte [er] keine Gestalt und keine Pracht; wir sahen ihn, aber sein Anblick gefiel uns nicht« (Jes 53,2). Er wurde zu Brei geschlagen, bis sein Gesicht wie Mus aussah!

Als sie ihn im Film geißelten, wurde nur ein kleiner Bereich seiner Knochen freigelegt, sodass alles noch einigermaßen ordentlich aussah. Doch die messianischen Psalmen sagen: »Auf meinem Rücken haben Pflüger gepflügt und ihre Furchen lang gezogen« (Ps 129,3) und »Ich kann alle meine Knochen zählen; sie aber schauen zu und sehen auf mich herab« (Ps 22,17 LUT). Seine Knochen waren allesamt freigelegt!

Mein Freund, er dachte an dich, als die Soldaten ihn an den Pfahl der Geißelung banden. Als sie ihre Peitschen hoben, sagte er: »Lasst alles auf mich kommen!«

Doch was auf ihn niederging, war nicht nur die Peitsche, die das Fleisch von seinem entblößten Rücken riss, sondern auch deine Krankheiten und Leiden. Mit jedem Peitschenhieb fiel jegliche Form von Krankheit und Leiden auf ihn, einschließlich Arthritis, Krebs, Diabetes, Vogelgrippe und Denguefieber. »Die Strafe lag auf ihm, damit wir Frieden hätten, und durch seine Wunden sind wir geheilt worden.«

Heute hast du ein Anrecht auf Heilung, weil Jesus den Preis für deine Heilung bezahlt hat. Wenn der Teufel also sagt: »Du kannst nicht geheilt werden«, erkläre einfach: »Jesus hat für meine Heilung bezahlt. Krankheit hat kein Recht, sich in meinem Körper aufzuhalten. Ich bin geheilt in Jesu Namen!«

Jeder Fluch der Krankheit, der auf dich fallen sollte, fiel stattdessen auf Jesus. Er ertrug jeden einzelnen dieser Hiebe, damit du alle Tage deines Lebens in göttlicher Gesundheit verbringen kannst. Der Preis ist bezahlt worden, damit du aufstehen und dein Krankenlager verlassen kannst!

Wer will gegen die Auserwählten Gottes Anklage erheben?
Gott [ist es doch], der rechtfertigt!
RÖMER 8,33

Gott verurteilt dich nicht

Manche Menschen sehen Gott als einen Richter, der hohe Ansprüche an die Menschen stellt. Wenn sie seinen Erwartungen nicht entsprechen oder Dinge in ihrem Leben schieflaufen, denken sie, dass Gott sie richten wird.

Mein Freund, die Wahrheit ist: Wenn du ein Gläubiger bist, erhebt Gott keine Anklage gegen dich. Stattdessen rechtfertigt er dich aufgrund des Blutes seines Sohnes. Gottes Wort sagt sogar, dass der Eine, der das Recht hat, dich zu verurteilen, sich stattdessen dafür entschied, für dich zu sterben, und nun als Auferstandener zur rechten Hand Gottes ist, um deine Gerechtigkeit zu sein (Röm 8,34)!

Doch der Teufel versucht dich glauben zu machen, dass Gott dich mit kritischem Blick beobachtet und dich bestraft, wenn du etwas Falsches tust. Auf diese Weise hat er viele aufrichtige Christen getäuscht und sie zu der Annahme geführt, dass Krankheit oder etwas anderes Schlimmes das Recht hätte, sie und ihre Familien heimzusuchen, wenn sie etwas falsch gemacht haben. Und wenn diese Dinge tatsächlich geschehen, überzeugt er sie davon, dass sie aufgrund ihres Fehlverhaltens Gottes Gericht erleiden. In der Zwischenzeit kämpfen diese aufrichtigen Christen mit Verdammnisgefühlen, weil sie denken, sie selbst seien der Grund für ihre Probleme.

Nichts könnte der Wahrheit ferner sein. Seit dem Kreuz, an dem Jesus an deiner Stelle für jede einzelne deiner falschen Handlungen, Gedanken und Worte gerichtet wurde, richtet Gott dich, sein Kind, nicht länger. Du musst keine Verdammnis oder schlimmen Dinge mehr hinnehmen, denn Jesus hat deine ganze Bestrafung am Kreuz auf sich genommen.

Wenn du also beginnst, dich für deine Taten verurteilt zu fühlen oder wenn du negative Umstände erlebst, sage: »Es steht geschrieben: Es ist Gott, der mich rechtfertigt. Mir ist vollständig vergeben und ich bin gerecht gemacht vor ihm. Ich weigere mich, irgendeinen Schuldspruch anzunehmen, und ich weise jedes Anzeichen des Fluches zurück, das ich in meinen Umständen sehe!«

Dann bleibe einfach auf der Wahrheit des Wortes Gottes stehen und sieh, wie er dich befreit und segnet!

Im übrigen, meine Brüder, seid stark in dem Herrn und in der Macht seiner Stärke.

EPHESER 6,10

Tag 11

Gott ist deine Stärke

Wenn du sagst: »Ich kann dieses Problem selbst bewältigen, Herr«, sagt Gott: »Okay, dann mach das.« Wenn du aber sagst: »Hilf mir, Herr! Ich brauche dich. Ich kann das nicht selbst tun«, sagt Gott: »Gut, ich habe darauf gewartet, dass du das sagst. Du kannst nicht, aber ich kann. Und jetzt sieh mir zu!« So ist Gott – er liebt es, wenn du dich auf ihn verlässt.

Sieh mal, wenn du denkst, du bist stark und brauchst Gott nicht, kann er dir nicht helfen. Aber wenn du ihn brauchst und auf ihn zählst, wird er dich nicht der Schwäche und Hilflosigkeit überlassen. Er kommt und wird zur Kraft deines Lebens. Er wird zu dem Durchbruch, den du brauchst.

Ein Gemeindemitglied, das nikotinabhängig war, kam eines Tages zu mir und sagte: »Pastor Prince, bitte beten Sie für mich, dass Gott mir hilft. Ich möchte mit dem Rauchen aufhören.«

Ich antwortete ihm schlicht und ergreifend: »Du kannst das nicht, aber Gott kann es.«

Er erwiderte: »Ja, ich weiß, dass ich es nicht kann. Aber mit Gottes Hilfe werde ich mich disziplinieren und mein Bestes geben, damit ich mit dieser Gewohnheit brechen kann.«

Ich sagte ihm: »Nein, du kannst nicht, aber Gott kann.« Das wiederholte ich einige Male, bis er verstand, dass es nicht seine Selbstdisziplin oder Willenskraft sein würde, die ihm helfen konnte, seine Nikotinsucht zu überwinden, sondern die Kraft Gottes. Er erkannte schließlich, dass eine echte Befreiung von seiner destruktiven Gewohnheit nicht durch seine eigene Stärke geschehen würde, sondern hierdurch: »… seid stark in dem Herrn und in der Macht **seiner** Stärke.«

Als ich ihn einige Wochen später wieder traf, sagte er: »Pastor Prince, seit jenem Tag habe ich nicht einmal mehr den Versuch unternommen, mit dem Rauchen aufzuhören. Aber jedes Mal, wenn ich mir eine Zigarette anzündete, sagte ich zu Gott: ›Ich kann es nicht, aber du kannst.‹ Dann, eines Tages, war das Verlangen weg! Jesus hat mich komplett von meiner Sucht nach Nikotin befreit!« Dieser Mann erlebte echte Befreiung, nicht nur eine äußerliche Form von Disziplin und Willenskraft.

Wenn du also sagst: »**Ich** kann etwas dagegen tun«, dann verlässt du dich noch immer auf deine menschliche Stärke. Wenn du aber zu Gott sagst: »Ich kann nicht, aber **du** kannst«, hast du gerade die echte Quelle deiner Kraft angezapft – Jesus. Und indem du in seiner Stärke ruhst, wirst du erleben, wie sich seine Kraft in deinem Leben manifestiert!

Tag 12

... Gnade sei mit euch und Friede von Gott, unserem Vater, und dem Herrn Jesus Christus!

RÖMER 1,7

Gott schenkt dir eine unverdiente Vorzugsbehandlung

Wenn du in einem Flugzeug in der Ersten Klasse fliegst, wirst du vom Bordpersonal erstklassig behandelt. Man fragt dich: »Ist alles zu Ihrer Zufriedenheit?« Man erkundigt sich, welche Zeitschriften du lesen möchtest. Du bekommst eine Decke, wenn dir kalt ist. Man bringt dir delikate Speisen. Verglichen mit den Reisenden in der Economyklasse erhältst du eine Vorzugsbehandlung.

Die Gnade Gottes wird als »unverdiente, nicht selbst erarbeitete und leistungsunabhängige Gunst« bezeichnet. Und eine der Definitionen für Gunst lautet »Vorzugsbehandlung«! Gott will dich heute wissen lassen, dass seine Gunst auf dir liegt. Du sollst wissen, dass er dir eine Vorzugsbehandlung zuteilwerden lässt, die du nicht verdient hast. Und er will, dass du dich auf sie verlässt und sie in deinem Leben voll ausschöpfst.

Gott will auch, dass du verstehst, dass seine Gunst in deinem Leben zunehmen kann. Du kannst von Tag zu Tag mehr von seiner Gunst erleben. Wie? Die Bibel sagt uns in 2. Petrus 1,2, dass uns Gottes Gnade (oder Gunst) »in der Erkenntnis Gottes und unseres Herrn Jesus« mehr und mehr zuteilwird. Je mehr du Jesus und seine Liebe zu dir betrachtest, je mehr du glaubst und bekennst, dass Gottes Gunst auf dir ruht, desto stärker wirst du das Wirken seiner Gunst in deinem Leben erfahren.

Wenn du also Arzt bist, wirst du feststellen, dass Patienten dich bevorzugen und du mehr Patienten haben wirst, als du bewältigen kannst. Wenn du ein Geschäftsmann bist, wirst du bemerken, dass Leute mit dir Geschäfte machen wollen, einfach nur, weil sie dich mögen und bei dir ein gutes Gefühl haben. Dann wirst du mehr Aufträge haben, als du bearbeiten kannst, und wirst dir Gedanken über eine Geschäftserweiterung machen müssen!

Wenn die Gunst Gottes auf deine Gemeinde scheint, werden deine Räumlichkeiten zu klein werden für alle Menschen, die jede Woche Schlange stehen, um die Gottesdienste zu besuchen! Wenn sich die Leute also wundern und fragen: »Was ist hier los?«, kannst du ihnen sagen: »Das ist die Gunst Gottes, die uns mehr und mehr zuteilwird!« Und es ist alles unverdient, nicht selbst erarbeitet und leistungsunabhängig!

Denn sie sagte sich: »Wenn ich nur seine Kleider berühre, werde ich gesund.« Und im selben Augenblick hörte die Blutung auf, und sie spürte, dass sie geheilt war!

MARKUS 5,28–29 NLB

Glauben heißt Empfangen

Du hast Menschen der Welt sicher schon sagen hören: »Das glaube ich nur, wenn ich es sehe.« Das ist im Allgemeinen die Art und Weise, wie die Welt denkt. Doch Gottes Wege sind nicht die Wege der Welt. Die Welt sagt: »Wenn ich es nicht fühlen oder sehen kann, kann ich nicht glauben, dass das Wunder hier ist.« Gott sagt: »Wenn du es glaubst, bevor du es fühlst oder siehst, wirst du dein Wunder sehen.«

Vertrauen, bevor wir den Beweis für das sehen, worauf wir vertrauen, nennt man Glauben. Glaube ist wie ein Funke und Jesus ist das Dynamit.

In der Geschichte, die von der Heilung der blutflüssigen Frau berichtet, gab es viele Menschen, die Jesus berührten (Mk 5,21), aber sie erlebten nichts. Sie berührten ihn nicht im Glauben. Doch als die Frau, die zwölf Jahre lang geblutet hatte, zu ihm kam und ihn im Glauben berührte, spürte er Kraft von seinem Körper ausgehen (Mk 5,30) und diese Kraft entzündete eine Heilungsexplosion im Körper der Frau!

Zu hören, wie gut, barmherzig und liebevoll Jesus ist, befeuerte ihren Glauben daran, dass er sie heilen konnte und wollte. Sie war so überzeugt (selbst als die Krankheit in ihrem Körper noch offensichtlich war), dass sie sagte: »Wenn ich nur seine Kleidung berühre, werde ich heil sein.« Hat sie ihre Heilung erlebt, bevor sie glaubte? Nein, sie glaubte zuerst an Jesu Güte und Kraft, handelte im Glauben und erst dann spürte sie die Heilung in ihrem Körper.

In gleicher Weise möchte Gott, dass du an seine Güte und Liebe zu dir glaubst. Er möchte, dass du weißt, wie gewillt er ist, in deinem Interesse zu handeln und dich zu segnen, und wie er dir mit Christus liebend gern alles Gute schenkt (Röm 8,32).

Er möchte, dass du im Glauben proklamierst und erwartest, dass es dir gut geht und gehen wird. Und dann wird eine Explosion der Heilung und Wiederherstellung stattfinden und du wirst empfangen, woran du geglaubt hast – ganz gleich, wie lange du das Problem schon hast oder wie schlimm es laut den Experten ist!

Tag 14

Tod und Leben steht in der Gewalt der Zunge,
und wer sie liebt, der wird ihre Frucht essen.
SPRÜCHE 18,21

Die Macht deiner Worte

Wenn sie etwas unbedingt haben wollen, sagen die meisten Leute Dinge wie: »Ich könnte sterben für dieses Stück Kuchen!« Nur wenige würden sagen: »Ich lebe für dieses Stück Kuchen!«

Und was noch schlimmer ist: Wenn Dinge schieflaufen, sind wir schnell dabei, den Tod mit ins Spiel zu bringen. Wir Singapurer sagen ohne zu zögern Dinge wie: »Stirb doch! Stirb doch!« Niemand sagt: »Leb doch! Leb doch!«

Doch die Wahrheit ist, dass jedes Wort, das du sprichst, Macht besitzt – Hoffnungen und Träume zu zerstören oder aufzubauen, Verlust zu ersetzen oder zu verursachen, den Geist zu heilen oder zu zerschlagen, Freude zu bringen oder Verzweiflung, zu segnen oder zu fluchen. Denn Gottes Wort sagt, dass Tod und Leben in der Gewalt der Zunge stehen.

Also höre auf, durch deine Worte mit negativen Umständen übereinzustimmen. Fange stattdessen an, deine Worte in Einklang mit Gottes Wort zu bringen und die Kraft seines Wortes freizusetzen, damit sie für dich wirksam wird.

Anstatt von Mangel und Armut zu sprechen, sage zum Beispiel: »Gottes Wort sagt mir, dass die guten Dinge bereits vorhanden sind. Deshalb erkläre ich mein Leben zu einem gesegneten Leben. Ich erkläre mein Leben zu einem erfolgreichen Leben. Ich erkläre mein Leben zu einem großartigen Leben. Dunkelheit und Trübsal, Armut und Krankheit, Niederlage und Depression werden nicht Teil meines Lebens sein!«

Statt von Krankheit und Tod zu reden, sage: »Ich werde lange leben. Ich werde nicht jung sterben. Jesus starb für mich, sodass ich lange für ihn leben kann. Ich bin die Gerechtigkeit Gottes in Christus und Gottes Wort sagt, dass den Gerechten kein Unglück befällt. Also wird nichts Böses auf mich kommen, nicht jetzt und auch nicht in der Zukunft!«

Sprich über deine Kinder keine Worte der Furcht aus, sondern sage: »Gottes Wort sagt, dass der Same des Gerechten gerettet werden soll. Deshalb sind meine Kinder von jedem Fluch, jeder Macht der Finsternis und allem Bösen befreit. Im Namen Jesu rufe ich eine großartige, glänzende und gesegnete Zukunft für meine Kinder hervor!«

Gott möchte, dass dein Leben mit guten Tagen und jeder Art von guten Dingen angefüllt ist. Also sage: »Im Namen Jesu befehle ich, dass mein Leben erfüllt wird von Segnungen, Gunst, Gesundheit, Versorgung, Bewahrung, Herrschaft und Kraft!«

Als Jesus sie sah, rief er sie zu sich und sagte: »Frau, du bist von deiner Krankheit erlöst!«

LUKAS 13,12 NLB

Tag 15

Proklamierende Gebete

Wenn du ein Anliegen hast, betest du oder bettelst du? Beginnst du deine Gebete mit Worten wie: »Bitte, Gott, bitte! Gott, ich bitte dich, hab Erbarmen!«

Flehende und bettelnde Gebete unterstellen, dass dein himmlischer Vater es nicht tun will. Aber er ist weitaus gnädiger und freigiebiger als du bitten, denken oder dir vorstellen kannst (Eph 3,20). Er wünscht sich vor allem, dass es dir in jeder Hinsicht gut geht und dass dein Körper genauso gesund ist wie deine Seele (3Joh 1,2).

Tatsächlich hat Gott sich bereits um dein Anliegen gekümmert, lange bevor du überhaupt ein Anliegen hast. Lange bevor du wusstest, dass du einen Retter brauchst, sandte er seinen Sohn, um dein Retter zu sein. So ist dein Gott! Er ist ein guter Gott. Wenn du ihn also um etwas anbettelst, sagst du damit im Grunde genommen, dass er nur widerwillig gibt und eindringlich überredet werden muss, bevor er sich in Bewegung setzt. Aber so ist er nicht.

Jesus kannte das Herz des Vaters. Als er die Frau sah, die von einem Geist der Schwachheit befallen und völlig gekrümmt war, betete er nicht: »Oh Vater! Sie hat schon 18 Jahre lang gelitten! Ich flehe dich an, Vater, habe Mitleid mit ihr. Bitte, bitte heile sie!« Nein, als Jesus sie sah, verkündete er sofort: »Frau, du bist von deiner Krankheit erlöst«, weil er das Herz des Vaters kannte. Er wusste, dass der Vater sie aus ihrem verkrüppelten Zustand befreit sehen wollte.

Am Ende eines Gottesdienstes stelle ich mich nicht hin und bete: »Oh Gott, bitte segne deine Kinder. Oh Gott, bitte behüte sie. Oh Gott, bitte sei ihnen doch gnädig!« Stattdessen proklamiere ich: »Der Herr segne euch. Der Herr behüte euch. Der Herr lasse sein Angesicht über euch scheinen und sei euch gnädig!«

Mein Freund, wenn du betest, proklamiere deine Heilung, Bewahrung und Versorgung, denn das Herz deines Vaters fließt über vor Liebe zu dir. Und wenn du etwas proklamierst, bewilligt er es. Wenn du es proklamierst, erschafft er es!

Tag 16

… und er den euch vorausbestimmten Jesus Christus sende! Den muss freilich der Himmel aufnehmen bis zu den Zeiten der Wiederherstellung aller Dinge …

APOSTELGESCHICHTE 3,20–21 ELB

Erhebe Anspruch auf deine Wiederherstellung!

Als Gläubiger hast du das Recht, die Wiederherstellung der Dinge zu erwarten, die der Teufel dir gestohlen hat. Ob es deine Gesundheit, Ehe oder Finanzen sind, die Zeit der Rückerstattung kommt gewiss!

Apostelgeschichte 3,20–21 sagt uns, dass wir, bevor Jesus um seiner Gemeinde willen zurückkommt, »die Zeiten der Wiederherstellung aller Dinge« erleben werden. Welch eine Hoffnung gibt es uns, zu wissen, dass Gott uns alle Dinge wiederherstellt, bevor Jesus zurückkehrt!

Mein Freund, wenn der Teufel dich in irgendeinem Bereich angreift, sage zu Gott: »Vater, ich werde dem Teufel nicht gestatten, mich meiner Gesundheit, Ehe, Kinder oder Finanzen zu berauben. Diese Segnungen sind bluterkauft und von deinem Sohn bezahlt!« Erhebe Anspruch auf deine Wiederherstellung in Christus und der Himmel wird dich hören.

Es wird für den Leib Christi solche Zeiten der Wiederherstellung aller Dinge geben, dass sein Volk nur noch besser, stärker, gesünder und erfolgreicher und herrlicher werden wird! Sogar als Gott unter dem alten Bund wiederherstellte, erhielt sein Volk in Bezug auf Qualität und/oder Quantität immer weit mehr als das, was es ursprünglich verloren hatte. Wie viel umfassender wird dank des vergossenen Blutes des Lammes Gottes unsere Wiederherstellung unter dem neuen Bund sein!

Eine geschiedene Frau mit einem Sohn im Teenageralter kam in unsere Gemeinde und nahm den Herrn im Mai 2003 an. Sie begann, für die Wiederherstellung ihrer Ehe und die Wiedervereinigung ihrer Familie zu beten. Sie wusste, dass die Chancen dafür bei nahezu null lagen, da sie ihren Ex-Ehemann seit der zehn Jahre zurückliegenden Scheidung weder gesehen noch mit ihm gesprochen hatte. Sie wusste nicht einmal, ob er zwischenzeitlich wieder geheiratet hatte. Doch Gott sorgte dafür, dass sich ihre Wege Ende 2003 auf einer Hochzeit kreuzten. Heute ist ihre Beziehung geheilt und gemeinsam mit ihrem Sohn besuchen sie als Familie den Gottesdienst.

Obwohl es nicht für jede geschiedene Person so kommen mag wie für diese Schwester (Gott kann dir aber einen besseren Partner und eine bessere Ehe geben), glaube ich: Gott will, dass du weißt, dass deine Zeiten der Wiederherstellung gekommen sind. Der Himmel wartet darauf, zu hören, wie du dein Anrecht auf Wiederherstellung anmeldest!

»Dann verurteile ich dich auch nicht«, erklärte Jesus. »Geh und sündige nicht mehr.«

JOHANNES 8,11 NLB

Tag 17

Keine Verurteilung – was für ein Geschenk

Als Jesus auf der Erde war, wurde eine Frau, die beim Ehebruch ertappt worden war, von den Schriftgelehrten und Pharisäern – der derzeitigen religiösen Mafia – vor Jesus gebracht. Sie versuchten, ihn in eine Falle zu locken, indem sie eine Frage aufwarfen, die schwierig zu beantworten war: »Nach dem Gesetz Moses muss sie gesteinigt werden. Was sagst du dazu?« (Joh 8,5 NLB).

Jesus antwortete: »Wer von euch ohne Sünde ist, der soll den ersten Stein auf sie werfen!« (Joh 8,7 NLB). Die Schriftgelehrten und Pharisäer traten einer nach dem anderen den Rückzug an, bis keiner mehr übrig war.

Die Menschen in der Menge, die diese Frau verurteilen wollten, **konnten nicht**. Doch Jesus, der einzige unter ihnen, der wahrhaftig die Macht hatte, sie zu verurteilen, **tat es nicht**. Er fragte sie dann: »Hat dich keiner von ihnen verurteilt?« (Joh 8,10 NLB).

Er sprach mit diesen Worten der Gnade zu ihr, weil er sie liebte. Indem er ihr diese Frage stellte, gab er ihr zudem die Gelegenheit, sich selbst Worte zuzusprechen, die sie nicht verurteilten – »Niemand [verurteilt mich], Herr« (Joh 8,11 NLB).

Jesus sprach nicht nur Worte der Gnade zu ihr, er sprach sie zudem von jeder Verurteilung frei: »Dann verurteile ich dich auch nicht. Geh und sündige nicht mehr.« Ab dem Moment, in dem Jesus ihr sozusagen das Geschenk machte, nicht verurteilt zu werden, hatte sie die Kraft, zu gehen und nicht mehr zu sündigen.

Heute besitzt du das Geschenk, nicht verurteilt zu werden, weil der Sohn Gottes für alle deine Sünden verurteilt wurde (Röm 8,1). Heute kann Gott dich nicht verurteilen, wenn du sündigst, weil er treu und gerecht zu dem steht, was sein Sohn getan hat.

Wenn also der Teufel versucht dich davon zu überzeugen, dass Gott zornig auf dich ist, wenn du einen Fehler begehst, sage einfach: »Gott verurteilt mich **nicht**, weil er vor 2000 Jahren Jesus am Kreuz verurteilt hat!«

Leider sagen Menschen immer noch: »Geh und sündige **zuerst** nicht mehr, dann werde ich dich nicht verurteilen.« Vielleicht hast auch du das schon zu dir selbst gesagt. Aber Gott sagt: »Ich verurteile dich nicht. Geh und sündige nicht mehr.« Er gibt dir das Geschenk, nicht mehr verurteilt zu werden, damit du die Kraft hast, zu gehen und nicht mehr zu sündigen!

Tag 18

Rut aber, die Moabiterin, sprach zu Naemi: Lass mich doch aufs Feld hinausgehen und Ähren auflesen bei dem, in dessen Augen ich Gnade finde! Da sprach sie zu ihr: Geh hin, meine Tochter!

RUT 2,2

Mit der Gunst Gottes allen Widrigkeiten trotzen

Wenn du dich anschaust, siehst du im Natürlichen nur Mangel? Sagst du: »Ich habe keine gute Ausbildung«, »Ich bin arm«, »Ich bin zu alt« oder »Ich bin geschieden«? Dann habe ich gute Neuigkeiten für dich. Als Gläubiger, der mit Blut erkauft wurde, und als Kind Gottes hast du die übernatürliche Gunst Gottes!

Die Rut der Bibel war eine arme moabitische Witwe, die mit ihrer Schwiegermutter nach Bethlehem zog, in eine jüdische Stadt, deren Bewohner Moabiter als Ausgestoßene ansahen. Doch sie suhlte sich nicht in Selbstmitleid und beklagte sich nicht darüber, eine arme Witwe mit falscher Abstammung am falschen Ort zu sein. Stattdessen glaubte sie, dass Gott sie begünstigen würde und erklärte: »Ich werde Gnade finden auf dem Feld, auf dem ich sammle.«

Im Natürlichen sprach alles gegen Rut. Doch weil sie auf die Gunst Gottes vertraute, wurde sie, als sie Boas heiratete, nicht nur zur Ehefrau des reichsten Mannes Bethlehems, sie wurde auch zur Urgroßmutter Davids. Dadurch wurde ihr Name dem Stammbaum Jesu Christi hinzugefügt, obwohl sie nicht einmal Jüdin war! Das hat Gottes übernatürliche Gunst für sie bewirkt. Dies ist die Art von Segen, die Gottes übernatürliche Gunst dir schenken kann.

Eine Frau aus unserer Gemeinde berichtete davon, wie sie aufgrund unvorhersehbarer Umstände zu spät zu einem Vorstellungsgespräch kam. Doch vor dem Gespräch sprach sie Gottes Gunst über sich selbst aus und auf wunderbare Weise kam sie in die engere Wahl für ein zweites Gespräch.

Es waren etwa vierzig weitere Bewerber mit der erforderlichen Erfahrung dabei. Und obwohl es ihr an der nötigen Berufserfahrung mangelte, erhielt sie durch die Gunst Gottes diese Stelle, die mit einer besseren Bezahlung verbunden war und mit einer Fahrzeugzulage, die die Ratenzahlung für ihr Auto komplett abdeckte. Ihr neuer Arbeitgeber war sogar bereit, für ihr Benzin und ihre Mobilfunkkosten aufzukommen – das alles geschah, weil sie glaubte und bekannte, dass sie Gottes Gunst hatte!

Schau nicht auf das, woran es dir im Natürlichen fehlt. Sieh nicht den Mangel. Vertraue auf die Gunst Gottes und du wirst Segnungen erleben, die deine natürlichen Fähigkeiten nicht bewirken könnten!

So ist es auch mit meinem Wort, das aus meinem Mund kommt. Es wird nicht ohne Frucht zurückkommen, sondern es tut, was ich will und richtet aus, wofür ich es gesandt habe.

JESAJA 55,11 NLB

Gottes Wort kommt, um dich zu segnen

In der Gemeinde zur Zeit der Apostel gab es, wann immer das Wort Gottes gepredigt wurde, Wunder der Errettung, Heilungen und andere Zeichen und Wunderwirkungen. Die von Dämonen Besessenen wurden freigesetzt. Die Gelähmten sprangen auf und konnten gehen. Menschen bekamen ihre Angehörigen von den Toten zurück.

Während einer unserer Gottesdienste sagte ich einmal, es sei eine Salbung für Ehepaare da, denen man gesagt hatte, sie könnten nicht auf natürliche Weise schwanger werden. Die Salbung sei da, damit sie die Kinder bekämen, die sie sich von Gott erhofften. Als das Wort ausging, empfingen viele Ehepaare in diesem Gottesdienst ihr Wunder.

Eine der Frauen, die ihr Wunder empfing, diente an diesem Tag als Ordnerin. Sie und ihr Ehemann hatten bereits einige Jahre lang geglaubt, dass Gott ihnen ein Kind schenken würde. Einige Monate nach diesem Gottesdienst stellte sie fest, dass sie schwanger war – mit Zwillingen! Gottes Salbung ist immer größer als unser Bitten.

Ich glaube von ganzem Herzen, dass wir wirklich an den Punkt gelangen, an dem das Wort, das aus Gottes Mund kommt, genau die Wirkung erzeugt, die es zusagt. Wenn also das Wort über Heilung aus Gottes Mund kommt, dann sei dir bewusst, dass Heilung in deinem Körper bereits explodiert. Dein Wunder ist schon geschehen.

Häufig wirst du, während du selbst das Wort liest oder einer gesalbten Verkündigung des Wortes zuhörst, Gottes Frieden und Freude empfinden und dabei spüren, wie in deinem Herzen Glaube aufkeimt. Wenn das Wort aus Gottes Mund kommt und du feststellst, dass du bestärkt wirst, dein Wunder zu empfangen, dann ist das der Moment zu sagen: »Herr, ich empfange genau jetzt meine Heilung.« Das ist der Moment zu sagen: »Ich empfange Wiederherstellung für meine Ehe.« Das ist der Moment zu sagen: »Ich empfange den Durchbruch für meine Finanzen.«

Du musst nicht warten, bis ein Gemeindeleiter oder Freunde für dich beten. Jedes Mal, wenn dein Glaube gestärkt wird, während du das Wort hörst, sprich es mit deinem Mund aus, um dein Wunder zu empfangen. Denn Gottes Wort ist darauf aus, dich zu segnen!

Tag 20

… Und wenn ich das Blut sehe, dann werde ich verschonend an euch vorübergehen; und es wird euch keine Plage zu eurem Verderben treffen, wenn ich das Land Ägypten schlagen werde.

2. MOSE 12,13

Das Blut Jesu beschützt

Vierhundert Jahre lang waren die Kinder Israels Sklaven in Ägypten. Ihr Leben bestand aus harter Arbeit, Schmerzen, Verlust und sogar Tod. Als ihr Befreier Mose kam, folgte für die Ägypter bald eine Plage nach der anderen. Doch keine dieser Plagen brachte den Pharao dazu, die Israeliten ziehen zu lassen, bis zu dem Moment, als sie das Blut auf ihre Türpfosten strichen. Was neun Plagen nicht erreichen konnten, bewirkte das Blut! Die Israeliten wurden letztendlich dank des Blutes befreit.

Befindest du dich in irgendeiner Form der Gefangenschaft? Werden deine Angehörigen von dem Zerstörer gefangen gehalten, der darauf versessen ist, sie zu vernichten? Rühme das Blut des Lammes Gottes über allem, was dir oder deiner Familie gehört. Wenn sonst nichts zu wirken scheint, sein Blut wirkt immer!

Als Teenager arbeitete ich eine Zeit lang als Aushilfslehrer in einer Grundschule. Eines Tages kam eines der Mädchen meiner Klasse nicht zum Unterricht. Ich dachte nicht allzu viel über ihre Abwesenheit nach, bis ich nachmittags nach Hause zurückkehrte. Während ich betete, wurde ich vom Heiligen Geist dazu bewegt, für ihre Bewahrung zu beten und sie mit dem kostbaren Blut Jesu zu bedecken.

Später kam heraus, dass sie von einem berüchtigten Serienmörder entführt worden war, der bereits mehrere Kinder getötet hatte. Meine Schülerin berichtete später, wie sie gefesselt worden war und den »Gottheiten« dargeboten wurde, die der Mörder in seiner Wohnung beherbergte. Wunderbarerweise ließ er sie frei, als die bösen Geister sie zu einem ungeeigneten Opfer erklärten.

Warum wurde diese Schülerin unbeschadet freigelassen? Ich glaube, dass sie den »Göttern« am selben Nachmittag dargeboten wurde, als ich das Blut Jesu über sie rühmte. Selbstverständlich wollten diese bösen Geister sie nicht, weil nämlich der allerhöchste Gott ihnen nicht erlaubte, sie zu haben. Gott beschützte sie. Sie wurde freigelassen dank des Blutes Jesu!

Weißt du, wenn du das Blut Jesu über dich rühmst, kann der Zerstörer sich dir nicht nähern. Wenn er das Blut sieht, muss er das Blut respektieren. Er kann nicht berühren, was vom Blut bedeckt ist. Das Blut Jesu schützt und befreit dich wirklich!

[Abram] aber sprach: Herr, Herr, woran soll ich erkennen, dass ich es als Erbe besitzen werde? Und Er sprach zu ihm: Bringe mir eine dreijährige Kuh und eine dreijährige Ziege und einen dreijährigen Widder und eine Turteltaube und eine junge Taube!

1. MOSE 15,8–9

Bundesgarantie

Bist du entmutigt, weil ein Durchbruch, für den du gebetet hast, erst noch sichtbar werden muss? Vielleicht sind Tage oder sogar Wochen vergangen und du fragst: »Woran soll ich erkennen, dass ich ihn bekommen werde?« Abraham sah sich mit einer vergleichbaren Situation konfrontiert und stellte Gott die gleiche Frage. Und Gott antwortete ihm: »Bringe mir eine dreijährige Kuh und eine dreijährige Ziege und einen dreijährigen Widder und eine Turteltaube und eine junge Taube.« Was für eine seltsame Antwort!

Doch wenn du weiterliest (1Mo 15,10–21), wirst du erkennen, dass Gott Abrahams Frage sehr ernst nahm. Gleich dadurch zeigte Gott ihm, wie überaus ernst es ihm damit war, Abrahams Versorger, Beschützer und Segensspender zu sein. Gott war es damit so ernst, dass er bereit war, sich selbst in einem **Bund** zu verpflichten.

Was ist ein Bund? Er ist wie ein Vertrag. Und doch ist er mehr als ein Vertrag. Ein Vertrag ist lediglich für einen bestimmten Zeitraum von vielleicht fünf oder sieben Jahren bindend oder bis bestimmte Bedingungen erfüllt sind. Doch ein Bund ist unbefristet. Er ist dauerhaft. Es gibt nur einen Weg hinaus: der Tod. Deshalb ist auch die Ehe ein Bund und kein Vertrag. Sie ist dauerhaft – »Bis der Tod uns scheidet«.

Wenn man in biblischen Zeiten einen Bund mit jemandem schloss, brachte man ein Tier – für gewöhnlich ein Schafbock oder eine Ziege – und tötete es, indem man es in zwei Hälften teilte. Als nächstes wandte man sich zu seinem Bündnispartner und ging dann zwischen den beiden Tierhälften aufeinander zu, um in der Mitte aneinander vorüberzugehen.

Dieses Ritual bedeutet, dass beide Parteien verpflichtet sind, einander zu beschützen und füreinander zu sorgen. Was immer dir gehört, gehört auch deinem Partner, und was immer deinem Partner gehört, gehört auch dir. Natürlich ist der, der davon profitiert, der schwächere oder ärmere Beteiligte.

Heute steht Gott mit uns in einem Bund. Wir sind die schwächere, ärmere Partei. Wir haben Gott nichts anzubieten. Doch Gott, das reichste und mächtigste Wesen im Universum, hat uns alles zu bieten!

Mein Freund, Gott hat sich selbst zu einem Bund verpflichtet. Er gibt dir die eiserne Garantie, dein Leben zu segnen und zu versorgen – und das alles zu deinem Nutzen. Der Durchbruch, auf den du wartest, ist durch einen Bund garantiert!

Tag 22

Und es geschah, als die Sonne anfing sich zu neigen, da fiel ein tiefer Schlaf auf Abram …

1. MOSE 15,12

Der stille Teilhaber profitiert

Im Geschäftsleben arbeiten stille Teilhaber nicht, fahren aber trotzdem große Gewinne ein. Sie sind wie die Ehefrau des Boxchampions. Er steckt die Schläge ein, um das Preisgeld zu gewinnen. Doch wenn er nach Hause kommt, nimmt seine Frau ihm das Geld ab und sagt: »Vielen Dank, Liebling!«

Weißt du, dass du in deinem Bund mit Gott wie die Ehefrau des Boxers bzw. wie der stille Teilhaber bist?

Als Abraham Gott fragte, wie er sich sicher sein konnte, dass er das Land, das Gott ihm versprochen hatte, auch wirklich erben würde, schloss Gott einen Bund mit ihm (1Mo 15,8–21). Doch statt den Bund mit Abraham zu besiegeln, indem er mit ihm zwischen die zerteilten Opfertiere trat, ließ Gott Abraham in einen tiefen Schlaf fallen und besiegelte den Bund mit Jesus.

Jesus, das Licht dieser Welt, erschien als eine Feuersäule und besiegelte den Bund mit Gott, dem Vater, der als eine Wolkensäule erschien. Jesus nahm, anders ausgedrückt, Abrahams Platz ein. Er war der vollkommene Mensch, der Abraham vertrat, als er den Bund mit seinem Vater besiegelte.

Es war Gottes Gnade, die Abraham durch Jesus ersetzte, denn hätte Abraham den Bund mit Gott geschlossen, wäre es auch Abrahams Verantwortung gewesen, den Bund einzuhalten. Und Abraham, der nur ein Mensch war, hätte versagt. Doch Gott der Sohn kann niemals versagen! Abrahams Segnungen waren somit garantiert, da sie nicht von seiner Leistung abhingen, sondern von **Jesu** Leistung. Abraham war buchstäblich ein stiller, oder besser gesagt, ein schlafender Teilhaber, ein Nutznießer des Bundes.

Heute hat Gott auch mit dir einen Bund geschlossen, nämlich den neuen Bund. Und genau wie Abraham bist du ein »schlafender Teilhaber«, weil auch der neue Bund zwischen Gott dem Vater und Gott dem Sohn auf Golgatha besiegelt wurde. Du bist schlichtweg ein Nutznießer des neuen Bundes. Du kommst in den Genuss aller seiner Vorteile, ohne dich mit seiner Einhaltung abmühen zu müssen. Jesus, dein Stellvertreter, hat bereits alle Bedingungen für dich erfüllt. Und weil sein Gehorsam vollkommen und sein Werk vollständig vollbracht ist, sind dir die Segnungen des Bundes garantiert!

Mein Freund, es gibt nichts mehr, was du tun müsstest, außer einfach alles im Glauben anzunehmen. Versuche nicht, für die Segnungen deines Bundes zu arbeiten. Ruhe im vollbrachten Werk des Sohnes und empfange sie durch Glauben!

»Freue dich, du Unfruchtbare, obwohl du keine Kinder gebierst. Juble und jauchze, obwohl du keine Wehen bekommst …«

GALATER 4,27 NEÜ

Freue dich, du Unfruchtbare!

Unfruchtbarkeit. Was für ein schmerzvoller und frustrierender Zustand! Doch in Jesaja 54 sagt Gottes Wort denjenigen, die den Zustand der Unfruchtbarkeit durchleben, dass sie sich freuen sollen – »Freue dich, du Unfruchtbare«!

Weshalb? Weil uns im vorangehenden Kapitel gesagt wird, dass die Bestrafung um unseres Friedens willen auf Jesus fiel (Jes 53,5). Das Wort »Frieden« an dieser Stelle bedeutet im Hebräischen »Vollständigkeit, Unversehrtheit, Gesundheit, Sicherheit und Versorgung«. Oder anders gesagt: Alle diese Vorteile gehören heute dir, weil Jesus um deines Friedens willen am Kreuz bestraft wurde. Aus diesem Grund kannst du anfangen, dich zu freuen.

Gott will, dass du, egal worin du unfruchtbar sein magst, jetzt anfängst dich zu freuen, als sei die gewünschte Frucht oder das gewünschte Resultat bereits vorhanden. Er will, dass du anfängst, so zu denken, zu reden und zu handeln, als wäre die Unfruchtbarkeit nicht länger vorhanden.

Wenn du finanziell unfruchtbar bist, fange an zu planen, was du tun würdest, wenn deine Finanzen zunehmen. Damit meine ich nicht, dass du gedankenlos Geld ausgibst, sondern dass du anfängst, Pläne für die Zeit deines finanziellen Wachstums zu machen. Wenn du dich noch in einem Zustand befindest, den deine natürlichen Augen als unfruchtbar wahrnehmen, ist es die richtige Zeit, diese Pläne zu machen.

Du magst sagen: »Pastor Prince, Sie verstehen nicht, die Banken sind hinter mir her!«

Gott sagt: »Freue dich, denn in Christus bist du gut versorgt.« In Christus bist du bereits mit jeglichem geistlichen Segen gesegnet, einschließlich finanzieller Versorgung (Eph 1,3). »Denn ihr kennt ja die Gnade unseres Herrn Jesus Christus, dass er, obwohl er reich war, um euretwillen arm wurde, damit ihr durch seine Armut reich würdet« (2Kor 8,9).

Wenn du krank bist, fange an die Dinge zu planen, die du bisher nicht tun konntest. Freue dich nicht erst dann, wenn die Heilung sichtbar wird und der Schmerz verschwunden ist. Freue dich jetzt an deiner Heilung, weil Jesus deine Krankheiten bereits auf sich genommen und deine Schmerzen getragen hat. Durch seine Wunden bist du schon geheilt (Jes 53,4–5).

In welcher unfruchtbaren Situation du dich auch befinden magst, freue dich und sage zu Gott: »Vater, durch das Opfer deines Sohnes bin ich in Christus mit allen geistlichen Segnungen in der Himmelswelt gesegnet. Du hast mir bereits alles gegeben. Also werde ich mich so verhalten, als sei es bereits da, und mich darüber freuen!«

Tag 24

Fürwahr, er hat unsere Krankheit[en] getragen und unsere Schmerzen auf sich geladen …

JESAJA 53,4

Fürwahr!

Während sie auf die Manifestation ihrer Heilung warten, finden manche Menschen es schwer zu glauben, dass Jesus ihre Krankheiten und Schmerzen tatsächlich genauso auf sich genommen hat, wie er es auch mit ihrer Sünde und Schande getan hat. Wenn auch du zu diesen Menschen gehörst, verurteile dich nicht und fühle dich nicht schuldig. Dein Vater im Himmel versteht es. Deshalb hat er das Wort »fürwahr« eingefügt, als er sagte: »**Fürwahr**, mein Sohn hat deine Krankheiten getragen und deine Schmerzen auf sich genommen.«

Einmal weinte meine Tochter die ganze Nacht hindurch, weil sie sich nicht wohlfühlte. Sie war bereits einige Tage lang krank gewesen. In meinem Arbeitszimmer nahm ich meine Bibel zur Hand und der Herr führte mich zu Jesaja 53,4, wo es heißt: »Fürwahr, er hat … getragen …« Also sagte ich: »Fürwahr, er hat Jessicas Krankheit getragen …«

Doch irgendwie war dieser Vers für mich nicht greifbar. Jessicas Weinen erschien mir viel realer. Dann, ganz plötzlich, öffnete der Heilige Geist meine Augen für ein Wort in diesem Vers, das die Art und Weise, wie ich die ganze Textstelle wahrnahm, von Grund auf veränderte.

Fällt dir das erste Wort des Verses auf? Es lautet: »Fürwahr …« Fürwahr, er hat unsere Krankheiten getragen und unsere Schmerzen auf sich geladen. Nun sieh dir den nächsten Vers an: »Doch er wurde um unserer Übertretungen willen durchbohrt …« Jeder Christ weiß und glaubt, dass Jesus um unserer Sünden willen durchbohrt wurde, doch das Wort »fürwahr« ist nicht diesem Vers vorangestellt, sondern dem davor. Ich glaube, Gott wusste, dass es uns schwerfallen würde zu glauben, dass Jesus auch unsere Krankheiten trug und unsere Schmerzen auf sich nahm. Er hat das Wort »fürwahr« dort platziert, um unserem Glauben zu helfen!

Als ich das sah, legte ich meine Bibel auf den Boden, stellte mich auf sie und sagte: »Vater, du weißt, dass ich das nicht respektlos meine, aber ich stelle mich auf dein Wort. **Fürwahr** hat Jesus Jessicas Krankheit getragen und ihre Schmerzen auf sich genommen! Ganz gleich, ob ich sie noch weinen hören kann. **Fürwahr**, dein Sohn, dein geliebter Sohn, trug ihre Krankheit und nahm ihre Schmerzen auf sich! Halleluja!« In dieser Nacht kam der Durchbruch. In dieser Nacht wurde meine kleine Jessica geheilt.

Leidest du oder einer deiner Angehörigen gerade jetzt an einer Krankheit oder an Schmerzen?

Fürwahr, unser Herr Jesus hat deine Krankheiten getragen und deine Schmerzen auf sich geladen. Und wenn du diese Wahrheit glaubst, werden deine Heilung und dein Durchbruch **fürwahr** kommen!

Gnade und Friede werde euch mehr und mehr zuteil in der Erkenntnis Gottes und unseres Herrn Jesus!

2. PETRUS 1,2

Erlebe, wie die Gunst Gottes in deinem Leben zunimmt

Möchtest du gern in einem größeren Maß von Gottes Gunst leben? In 2. Petrus 1,2 steht, dass die Gnade, also die unverdiente Gunst Gottes, und der Friede für dich zunehmen können. Friede ist das Wort *Schalom* im Hebräischen. Dessen Definition schließt Ganz-Sein, Gesundheit, Sicherheit und Versorgung mit ein. Wenn du also in göttlicher Gunst und göttlichem Frieden lebst, wirst du in jedem Bereich deines Lebens Segnungen erfahren.

Aber wie nehmen Gottes unverdiente Gunst und sein *Schalom*-Friede in deinem Leben zu?

Es geschieht nicht dadurch, dass du hart arbeitest und schuftest, um dir beides zu verdienen. Die Bibel sagt, dass beides zunimmt, wenn du Jesus und sein vollbrachtes Werk immer besser kennenlernst. Das passiert, indem du mehr darüber erfährst und glaubst, dass Gott durch das einmalige Opfer Jesu am Kreuz alle deine Sünden weggenommen, dir seine Gerechtigkeit als Geschenk gegeben und dich in Christus hineinversetzt hat, sodass du alles genießen kannst, was Jesus besitzt. Gottes Gunst nimmt in deinem Leben zu, wenn du einfach glaubst, dass die Gunst Gottes, die Christus gilt auch dir gilt – durch das, was Jesu Werk am Kreuz vollbracht hat.

Heute musst du um diese Gunst nicht kämpfen. Setze sie einfach frei, indem du Gottes Wort im Glauben aussprichst. Auf deinem Weg zur Arbeit sage: »Gottes Gunst umgibt mich wie ein Schutzschild« (Ps 5,12). Indem du fortfährst, aus der Offenbarung des vollbrachten Werks Jesu heraus Gottes Gunst über dein Leben auszusprechen, wird sie zunehmend sichtbar werden.

Als ich in die Berufswelt eintrat, fing ich an, Gottes Gunst über meine Arbeit auszusprechen. Jedes Mal, wenn mir eine neue Aufgabe übertragen wurde, proklamierte ich, dass die übernatürliche Gunst Gottes auf mir ruht. Die Firma begann zu florieren und ich wurde finanziell gesegnet. Als ich die Firma verließ, um Gott vollzeitlich zu dienen, war mein Einkommen so stark gestiegen, dass ich zu den 15 Prozent der Top-Verdiener meiner Altersgruppe in Singapur gehörte.

Fange heute an deinem Arbeitsplatz oder zu Hause an, die Gunst Gottes im Glauben zu proklamieren. Stell dich darauf ein, wo immer du bist, eine Vorzugsbehandlung zu erhalten. Sage: »Ich bin umgeben von der Gunst Gottes durch das vollbrachte Werk Jesu. Ich habe Gunst bei Gott und den Menschen!« Und dann erlebe, wie Gottes Gunst für dich arbeitet!

Tag 26

... die Gerechtigkeit aus dem Glauben spricht ...
RÖMER 10,6 LUT

Gott freut sich, wenn du deine Gerechtigkeit bekennst

Jedes Mal, wenn du bekennst: »Ich bin die Gerechtigkeit Gottes in Christus«, freut sich Gott der Vater. Wenn du bekennst, dass du die Gerechtigkeit Gottes in Christus bist, erinnert es ihn an das, was sein Sohn für dich getan hat, damit du gerecht werden konntest.

Indem er dich gerecht macht, erweist sich Gott außerdem selbst als gerecht: »Und heute beweist er seine Gerechtigkeit dadurch, dass er den für gerecht erklärt, der aus dem Glauben an Jesus lebt« (Röm 3,26 NEÜ).

Jedes Mal, wenn Jesus dich bekennen hört: »Ich bin die Gerechtigkeit Gottes in Christus«, bringt es auch seinem Herzen viel Freude, weil du in Anspruch nimmst, was er dir durch sein Leiden und Sterben geschenkt hat.

Dem Heiligen Geist, der nun in dir lebt, um dich von deiner Gerechtigkeit zu überzeugen (Joh 16,10), bereitet es ebenfalls Freude, wenn du bekennst: »Ich bin die Gerechtigkeit in Christus«. Er freut sich, wenn du in seinem Fluss bleibst.

Die Freude der Dreieinigkeit ist nicht der einzige Gewinn für dich, wenn du erklärst: »Ich bin die Gerechtigkeit Gottes in Christus«. Die Bibel sagt uns, dass, wenn wir zuerst nach dem Reich Gottes und nach **seiner Gerechtigkeit** trachten, uns dies alles hinzugefügt werden wird (Mt 6,33).

Ob es Essen ist, Kleidung oder andere Notwendigkeiten des Lebens, »dies alles« wird dir hinzugefügt werden. Es wird dir nicht nur gegeben, sondern dir als dein Erbe **hinzugefügt**, wenn du zuerst nach seiner Gerechtigkeit trachtest.

Es ist nicht erforderlich, dass du für jede einzelne Lebensnotwendigkeit von deinem Glauben Gebrauch machst. Du musst deinen Glauben nur für eine Sache anwenden – zu glauben, dass du die Gerechtigkeit Gottes in Christus bist. Und das wird dazu führen, dass die Segnungen, die du dir wünschst, dich regelrecht verfolgen und dich einholen werden!

... Gott ..., der die Toten lebendig macht und das Nichtseiende ruft, wie wenn es da wäre.

RÖMER 4,17 ELB

Rufe es hervor!

»Pastor Prince, ich fühle den Schmerz in meinem Körper. Wie kann ich allen sagen, dass Christus mich von dieser Krankheit erlöst hat? Wie kann ich behaupten, dass ich durch seine Wunden geheilt bin?«

Nun, Gottes Art ist es, das Nichtseiende zu rufen, als wäre es da. Und weil du nach dem Bild Gottes geschaffen bist, kannst du das Nichtseiende ebenfalls rufen, als wäre es da!

Als Gott Abraham zum Vater vieler Nationen machen wollte, was tat er da? Er veränderte Abrahams Art zu reden. Zu jener Zeit hatte Abraham nicht ein einziges Kind von Sarah, weil sie unfruchtbar war. Wie also konnte er ein Vater vieler Nationen werden?

Gott änderte die Art, wie er redete. Wie? Indem er seinen Namen von Abram zu Abraham änderte, was so viel bedeutet wie »Vater vieler Völker« (1Mo 17,5).

Stell dir nur vor: Von dem Tag an sagte er jedes Mal, wenn er jemanden traf: »Hallo, mein Name ist Vater vieler Völker.« Jedes Mal, wenn das Abendessen fertig war, rief Sarah nach Abraham: »Liebling ... Vater vieler Völker ... das Essen ist fertig! Vater vieler Völker ...« Man kann es fast hören, wie ihre Nachbarn sagten: »Die beiden wünschen sich so sehr ein Kind, dass sie jetzt völlig durchgedreht sind!« Aber Gott änderte die Art, wie Abraham redete, sodass er hervorrief, womit Gott ihn bereits gesegnet sah.

Weißt du, als Jesus den Mann mit der verkrüppelten Hand sah, sagte er nicht: »Du meine Güte, die ist aber ganz schön verkrüppelt!«. Er sagte: »Strecke deine Hand aus!« (Mt 12,13). Er rief hervor, was er erwartete. Er sah den Gelähmten an und sagte: »Steh auf, nimm deine Liegematte und geh heim!« (Mt 9,6). Er sah die Dinge nicht so, wie sie im Natürlichen waren. Er sah sie so, wie sie von Gott gedacht waren, und rief sie hervor.

1. Mose 1 sagt uns, dass am Anfang auf der ganzen Erde Finsternis lag. Gott sah die Finsternis und sagte: »Es werde Licht!« Und es wurde Licht. Gott rief hervor, was er wollte, und es wurde! Wären es du oder ich gewesen, wir hätten wohl gesagt: »Wow, ist das dunkel hier!«

Mein Freund, rufe trotz der Schmerzen deine Heilung hervor. Es ist sinnlos, das Offensichtliche auszusprechen. Also ändere die Art, wie du redest. Sieh die Dinge, wie Gott sie gedacht hat, und fange an, deine Heilung und Gesundheit hervorzurufen!

Tag 28

Darum sage ich euch: Alles, was ihr auch immer im Gebet erbittet, glaubt, dass ihr es empfangt, so wird es euch zuteil werden!

MARKUS 11,24

Du bist bereits, du hast bereits

Gottes Wort sagt uns, dass wir haben können, worum wir im Gebet bitten – indem wir einfach glauben, dass wir es bereits haben! Während du betest, sei dir bewusst, dass du die Antwort oder den Durchbruch bereits hast – »**glaube**, dass du es **empfängst**«. Die Bibel sagt uns auch, dass wir bereits haben, worum auch immer wir bitten, weil wir bereits mit jedem geistlichen Segen in den himmlischen Regionen durch Christus gesegnet sind (Eph 1,3).

Und du bist in Christus, sobald du ihn als deinen Erlöser angenommen hast. Wenn du also betest, setzt du im Grunde genommen deinen Glauben frei, um in Anspruch zu nehmen, was du in Christus bereits hast. Und wenn du fortfährst zu sagen, dass du es bereits hast (Mk 11,23), **wirst** du die Manifestation im natürlichen Bereich erleben.

Während einer unserer Gemeindefreizeiten erzählte eine Frau aus der Gemeinde von den Rückenproblemen, die sie hatte, seitdem sie fünfzehn Jahre zuvor von einem Dach gefallen war. Sie benötigte dringend eine Operation, um die stechenden Schmerzen in ihrer Wirbelsäule zu beseitigen. Außerdem nahm sie seit fünf Jahren Beruhigungstabletten.

Nachdem sie in die Gemeinde kam, erkannte sie, dass sie ihre Heilung durch das vollbrachte Werk Christi bereits empfangen hatte. Sie verweigerte die Operation und sogar die Tabletten und wies den ständig wiederkehrenden Schmerz zurück, indem sie sagte: »In Jesus glaube ich, dass ich geheilt bin. Ich versuche nicht, geheilt zu werden und werde auch nicht geheilt sein. Ich bin bereits geheilt. Ich habe eine nagelneue Wirbelsäule, weil ich in Christus bin. Wie Christus ist, so bin ich in dieser Welt.« Es dauerte nicht lange, bis diese Schwester die Manifestation ihrer Heilung sah.

Manchmal kommen die Symptome einer Krankheit oder einer Einschränkung vielleicht zurück und du denkst dann, du hättest deinen Segen noch immer nicht empfangen. Das ist der richtige Moment, um deinen Glauben anzuwenden und zu erklären, dass du den Segen bereits hast. Du bekennst nicht, um ihn zu erhalten. Du bekennst, weil du ihn in Christus schon hast!

Mein Freund, die Bibel sagt uns, dass Christus in uns ist (Kol 1,27). Das bedeutet, genau in diesem Moment sind deine Heilung, dein Wohlergehen, das Wohlergehen deiner Familie und alles, was dein Herz begehrt, in dir. Also sage: »Ich habe genau jetzt in Christus alles, was ich brauche!«

In ihm haben wir die Erlösung durch sein Blut, die Vergebung der Sünden, nach dem Reichtum seiner Gnade.

EPHESER 1,7 LUT

Sei Christus-bewusst

Bist du jemals morgens aufgewacht und hast dir gesagt: »Heute werde ich nicht sündigen«? Und wenn du aus dem Haus gehst, sagst du: »Ich muss heute aufpassen, dass ich nicht in Sünde falle. Ich will nicht sündigen. Ich werde nicht sündigen!« Mein Freund, wenn du das tust, bist du dir nicht länger Christus bewusst, sondern der Sünde, auch wenn du noch gar nicht gesündigt hast.

Männer, habt ihr euch je bei dem Gedanken dabei ertappt: »Ich will keine Frau ansehen, damit ich nicht womöglich sexuelle Begierde empfinde«? Du bist sündenbewusst, wenn du so denkst. Und früher oder später wirst du in deinem Herzen Begierde verspüren. Du magst äußerlich nicht sündigen, aber innerlich wirst du sündigen.

Hast du auch schon versucht, jede einzelne Sünde zu bekennen? Ich habe das getan! Wenn mir als Teenager ein schlechter Gedanke kam, sagte ich sofort: »Es tut mir leid, Herr. Vergib mir diesen Gedanken, in Jesu Namen.« Dann kam ein weiterer Gedanke und augenblicklich sagte ich: »Vergib mir diesen Gedanken, Herr, in Jesu Namen.« Dann, wenn ich an seiner Vergebung zweifelte, bekannte ich meinen Unglauben und bat um Vergebung: »Vergib mir, Herr, dass ich an dir zweifle.« Bevor ich mich versah, war ich in meinem Inneren bedrückt und überaus sündenbewusst, anstatt mir Christus bewusst zu sein!

Mein Freund, Gott will, dass du Christus-bewusst bist, wenn du in Sünde fällst. Wenn du versagt hast, will Gott, dass dir bewusst ist, dass du in Christus die Vergebung deiner Sünden durch sein Blut hast. Gott will, dass dir bewusst ist, dass Christus für deine Sünden durchbohrt und zerschlagen wurde und dass die Bestrafung auf ihm lag, damit du Frieden hättest (Jes 53,5).

Wenn du Christus-bewusst bist, wirst du durch unseren Herrn Jesus Christus Frieden haben mit Gott (Röm 5,1). Du wirst wissen, dass du die Gerechtigkeit Gottes in Christus bist, weil er, der keine Sünde kannte, für dich zur Sünde gemacht wurde (2Kor 5,21). Er nahm deine Sünde, und nun hast du seine Gerechtigkeit.

Wenn du also fällst, sei dir nicht deines Versagens bewusst und fühle dich nicht schlecht oder verdammt. Stattdessen sei dir bewusst, wer du in Christus bist, steh auf, schüttle den Staub von dir und gehe weiter deinen Weg mit Gott!

Tag 30

»Glückselig die, deren Gesetzlosigkeiten vergeben und deren Sünden bedeckt sind! Glückselig der Mann, dem der Herr Sünde nicht zurechnet!«

RÖMER 4,7–8 ELB

Gott hört deine Gebete

Manche Leute denken, wenn sie mit Gott mehr im »Reinen« wären, würde er ihre Gebete hören. Zum Beispiel glauben sie manchmal, dass Gott ihre Gebete erhören würde, wenn sie nicht am selben Tag mit ihrem Ehepartner gestritten oder diese schlechten Gedanken gehabt hätten.

So ist Gott nicht. Er will, dass du ohne jeden Zweifel weißt: Du darfst stets mit Zuversicht zu seinem Thron der Gnade kommen und volles Vertrauen haben, dass du seine Barmherzigkeit und Gnade erhalten **wirst** (Hebr 4,16). Weißt du, dank des Werkes, das Jesus am Kreuz vollbracht hat, bist du mit Gott immer im Reinen. Du musst nichts tun, um bei Gott noch besser dazustehen.

Tatsächlich hast du durch den Glauben an Jesus die Gerechtigkeit Gottes empfangen (2Kor 5,21)! Und wie viele Fehler du auch machst, du wirst diese Gerechtigkeit niemals verlieren, denn Gott hat sie dir von vornherein **ohne** das Zutun deiner Werke geschenkt (Röm 4,5–6). Mit anderen Worten, Gott hat dir die Gerechtigkeit nicht zugerechnet, weil du gut warst, sondern weil du an Jesus geglaubt hast.

Aufgrund dessen, was Jesus am Kreuz für dich getan hat, sind alle deine Sünden – vergangene, gegenwärtige und zukünftige – vergeben. Gott wird sich niemals und unter keinen Umständen an deine Sünden erinnern oder sie dir zurechnen (Hebr 8,12; 10,17)!

Mein Freund, weil Jesus für deine Sünden bestraft wurde, rechnet Gott dir deine Sünden heute nicht zu. Das bedeutet, dass deine Sünden ihn nicht davon abhalten werden, deine Gebete zu hören und auf sie zu reagieren. Du kannst also immer in dem Wissen in seine Gegenwart kommen, dass du mit Zuversicht vor ihm stehen und seine Gegenwart und seine Liebe genießen darfst.

Wenn du diese Wahrheit kennst, wird sie dich in deiner Beziehung mit Gott frei machen. Du kannst dann ohne Furcht oder ein Gefühl der Verdammnis mit ihm sprechen. Du kannst dir seine Gegenwart bewusst machen und darauf vertrauen, dass er dich immer hört. Sollte etwas passieren, ob zuhause oder bei der Arbeit, musst du nicht immer die Leiter deiner Gemeinde zu Hilfe rufen – du betest und Gott hört dich!

Lieber Freund, du bist in Christus gerecht und Gott erhört deine Gebete – und das alles dank Jesus!

... Nehmt, esst! Das ist mein Leib.
MATTHÄUS 26,26

Von Jesu Körper kommt Kraft für deinen Körper

Kannst du dir vorstellen, dass der Herr während seiner Zeit auf der Erde krank war oder eine fiebrige Erkältung ausbrütete? Nein, unser Herr Jesus war nie krank! Er war kräftig, vor Leben und Gesundheit strotzend. Als er zu seinen Jüngern sagte: »Nehmt, esst. Das ist mein Leib«, konnten sie sich auf ganz praktische Weise vor Augen führen, was das bedeutete, denn sie waren an der Seite dieses Mannes gewesen und hatten das Leben mit ihm geteilt. Sie hatten Menschen ohne Hände oder Füße gesehen, die wiederhergestellt wurden, sobald sie Jesu Körper berührten (Mt 15,30–31).

Selbst seine Kleidung war mit seiner Gesundheit durchtränkt! Eine Frau, die zwölf Jahre lang unter Blutfluss gelitten hatte – kein Arzt konnte sie heilen –, wurde augenblicklich gesund, als sie den Saum seines Gewandes berührte. Wenn schon der Saum seines Gewandes mit seiner Gesundheit, Lebendigkeit, Energie und göttlicher Ausstrahlung durchtränkt war, wie viel mehr dann erst sein Körper!

Weißt du, einige der ermutigendsten Verse in den Evangelien sind diese: »Und alle, die ihn berührten, wurden geheilt« (Mk 6,56 NLB), »denn Kraft ging von ihm aus und heilte alle« (Lk 6,19). Ich liebe diese Verse! Das ist unser Jesus!

Die Bibel sagt, dass die Kranken an den Straßenseiten abgelegt wurden und dass Jesus umherging, sie berührte und sie heilte. Nun, das tun auch Filmstars: Sie laufen nach hier und nach dort, klatschen die Hände ihrer Fans ab, aber niemand wird geheilt. Doch wo auch immer Jesus entlanglief, wen auch immer er berührte, den heilte er. Stell dir Folgendes vor: Eine lange Reihe von Menschen. Bevor Jesus an ihnen vorübergeht, liegen sie am Boden, aber nachdem er vorbeigegangen ist und sie berührt hat, machen sie vor lauter Freude Luftsprünge und folgen ihm! So hat Jesus die Kranken geheilt.

Als er also an jenem Abend sagte: »Nehmt, esst. Dies ist mein Leib«, während er das Brot brach und es seinen Jüngern reichte, wussten sie, was er damit meinte. Sie dachten wahrscheinlich: »Wir werden seine Gesundheit in unsere Körper aufnehmen! Halleluja!«

Das ist es, was du glauben musst, wenn du am Abendmahl teilnimmst. Es ist nicht nur ein Ritual oder ein symbolischer Akt. Nein, du musst glauben, dass er das wahre Brot vom Himmel ist, das deinen Krebs, deinen Diabetes und deine Herzkrankheit auf sich genommen hat, damit du seine übernatürliche Gesundheit haben kannst! Und wenn du seinen zerbrochenen Leib mit dieser Offenbarung isst, wirst du Leben im Überfluss und die Gesundheit des Herrn haben!

Gebet für deine Errettung

Wenn du alles empfangen willst, was Jesus für dich getan hat, und ihn zu deinem Herrn und Retter machen möchtest, sprich bitte folgendes Gebet:

Herr Jesus, danke, dass du mich liebst und am Kreuz für mich gestorben bist. Dein kostbares Blut wäscht mich von jeder Sünde rein.
Du bist jetzt und für immer mein Herr und mein Retter.
Ich glaube, dass du von den Toten auferstanden bist und heute lebst.
Durch dein vollbrachtes Werk bin ich nun ein geliebtes Kind Gottes und mein Zuhause ist der Himmel.
Danke, dass du mir das ewige Leben schenkst und mein Herz mit deinem Frieden und deiner Freude erfüllst. Amen.

Kostenlose tägliche E-Mail-Andachten

Trage dich unter **JosephPrince.de/Andachten** in den Verteiler für Josephs kostenlose E-Mail-Andachten ein und erhalte jeden Tag kurze Botschaften, die dir helfen, in der Gnade zu wachsen.

Andachten für das ganze Jahr

Zur Herrschaft bestimmt
365 Andachten

Diese 365 kraftvollen Andachten werden den Leser erkennen lassen, dass er über jede Widrigkeit, jeden Mangel und jede zerstörerische Gewohnheit herrschen kann. Über alles, was ihn daran hindert, das erfolgreiche, erfüllte und siegreiche Leben zu genießen, für das er bestimmt ist.

384 Seiten, gebunden, ISBN: 978-3-943597-95-0

DAS EINE, DAS ZÄHLT – zu Jesu Füßen sitzen, um mit ihm Zeit zu verbringen. Diese Andachten für 31 Tage werden dir dabei helfen, genau das zu tun und damit ein festes Fundament für dein Leben als Christ zu legen. Sie behandeln außerdem Themen des alltäglichen Lebens wie Gesundheit, Versorgung und Schutz aus der Sicht von Gottes Wort. Während du diese Andachten im Laufe der nächsten 31 Tage liest, rechne damit, Gottes erstaunliche Liebe zu erleben.

Weitere Informationen zu Joseph Prince und seinen Büchern sind auf **www.josephprince.de** verfügbar.

JOSEPH PRINCE ist eine der weltweit bekanntesten Stimmen, die das Evangelium der Gnade verkündigen. Er ist leitender Pastor der New Creation Church in Singapur, ein international gefragter Sprecher bei christlichen Konferenzen und Autor mehrerer Bestseller wie *Gesund und heil durch das Abendmahl, Die Kraft des richtigen Glaubens* und *Lass los und lebe*. Joseph ist verheiratet mit Wendy, gemeinsam haben sie zwei Kinder.

Grace today VERLAG

ISBN 978-3-95933-047-3

www.gracetoday.de